이원택의 [맛보기] 스페인어
Español Basico

초판 1쇄 발행 2024년 2월 19일

지은이 이원택
펴낸이 장길수
펴낸곳 지식과감성®
출판등록 제2012-000081호

디자인 윤혜성
편집 윤혜성, 이현
검수 이주연
교정 이미영
마케팅 김윤길, 정은혜

주소 서울시 금천구 벚꽃로298 대륭포스트타워6차 1212호
전화 070-4651-3730~4
팩스 070-4325-7006
이메일 ksbookup@naver.com
홈페이지 www.knsbookup.com

ISBN 979-11-392-1664-6(12770)
값 10,000원

- 이 책의 판권은 지은이에게 있습니다.
- 이 책 내용의 전부 또는 일부를 재사용하려면 반드시 지은이의 서면 동의를 받아야 합니다.
- 잘못된 책은 구입하신 곳에서 바꾸어 드립니다.

지식과감성®
홈페이지 바로가기

서두

스페인어는 세계의 22개국에서 5억 명 정도가 모국어로 사용하고 있고, 미국을 비롯한 다른 나라에 사는 스페니시 계통까지 따지면 약 6억 명이 제1언어로 사용하고 있습니다.

미국은 지역에 따라 LA 같은 곳에서는 스페니시가 과반을 넘을 수도 있으며 그들은 대개 천주교 신자들이라 산아제한이 없어서 그 인구가 계속 늘어날 전망입니다.

앞으로 세계의 경제권이 중국→인도를 거쳐 중남미로 옮겨 앉으면 스페인어가 더 떠오를 수도 있습니다. 그렇지 않더라도 스페인어를 상용하는 나라들이 관광지로 인기가 있기 때문에 '세계 언어'로서 영어 다음에 스페인어란 위치가 더욱더 부각될 것입니다.

편자는 LA 근교의 한 병원에 나가는데 환자의 1/3이 스페인어로만 통화할 수 있어서, 어깨너머로 들은 풍월로 스페인어를 배우고 있는데 영어보다 쉽고 재미있습니다.

이 책은 스페인어에 관심이 있는 분들을 위해 제가 틈틈이 적어 놓은 단어들에 약간의 사전적 편찬을 가미해서 출판하였으니 그냥 편한 마음으로 읽어 보시기 바랍니다.

써서 엮은이 이원택

목차

I. 문법(gramatica)

A. 발음	9
B. 성	9
C. 복수형	9
D. 관사	9
E. 긍·부정어	10
F. 인칭대명사	10
G. 지시사	11
H. 관계사	11
I. 접속사	11
J. 전치사	12
K. 접사	12
a. 접두사	12
b. 접미사	12

II. 동사(verbo)

A. 동사 변화　　　　　17
B. 기본 동사　　　　　20

III. 어휘(vocabulario)

A. 국가　　　　　　　27
B. 숫자　　　　　　　27
C. 시간　　　　　　　28
D. 가족　　　　　　　30
E. 신체 부위　　　　　31
F. 음식　　　　　　　32
G. 자연　　　　　　　36
H. 동물　　　　　　　37
I. 운동경기　　　　　38
J. 장소　　　　　　　39
K. 직업　　　　　　　39
L. 상업　　　　　　　41
M. 의류 및 장신구　　42
N. 색깔　　　　　　　43
O. 여행　　　　　　　44
P. 교신　　　　　　　46
Q. 수식어　　　　　　48
　a. 형용사　　　　　48
　b. 부사　　　　　　49

Museo del Prado

La Sagrada Familia

문법
gramatica

**이원택의
맛보기
스페인어**

I. 문법(gramatica)

A. 발음(pronunciacion)

1. n·s를 제외한 자음으로 끝나는 단어는 끝철음에 강세
2. 모음과 자음 n·s로 끝나는 단어는 끝에서 두 번째 모음에 강세
3. 강모음(a·e·o)과 약모음(i·u) 또는 약모음과 강모음이 같이 오면 강모음에 강세, 약모음과 약모음이 같이 오면 뒷모음에 강세
4. 모음 순서에서 강·약 모음이 나란히 오면 약모음은 무시
5. c·k·l·p·q·t는 강음, h는 묵음, j는 〈ㅎ〉, ll은 〈이〉, w는 〈우〉, x는 〈(ㄱ)ㅅ〉, y는 〈이·ㅈ〉, z는 〈ㅅ〉으로 발음함
6. 철자에 '(tilde) 부호가 있으면 강세 발음

B. 성(genero)

1. 단어가 o나 자음으로 끝나면 남성 \ a나 cion·sion·dad·tad로 끝나면 여성
2. 단어가 ista·ante·ente로 끝나면 양성
3. 사람과 대부분의 동물은 타고난 성을 따름

C. 복수형(plural)

1. 모음으로 끝나는 단어는 s \ 강세가 있는 모음이나 자음으로 끝나면 es를 붙임
2. s로 끝나는 단어는 대부분 단·복수가 같음
3. z로 끝나는 단어는 z를 ces로 바꿈

D. 관사(articulo)

1. 정관사(articulo determinado\definido): the

	남성	여성
단(복)수	el(los) [엘(예요스)]	la(s) [라(스)]

2. 부정관사(articulo indeterminado\indefinido): a\an

	남성	여성
단(복)수	un(os) [운(우노스)]	una(s) [우나(스)]

E. 긍·부정어

1. si[씨]는 yes, si[시]는 if
2. ⟨not을 뜻하는⟩ no는 동사 앞에 옴

F. 인칭대명사(pronombre sujeto)

주격 (~은/는/이가)		(행위가 자신에게 돌아오는) 재귀격	소유격(~의)			목적격		
			단수	복수	(명사 뒤에 오는) 후치형	간접목적 (~에게/한테)	직접목적 (~을/를)	(전치사 다음에 오는) 전치사격
yo [요]	나	me [메]	mi [미]	mis [미스]	mio [미오], a [아]	me [메]	me [메]	mi [미]
tú [뚜]	너	te [떼]	tu [뚜]	tus [뚜스]	tuyo [뚜요], a [아]	te [떼]	te [떼]	ti [띠]
ud./usted [우스뗃]	당신	se [쎄]	su [수]	sus [쑤스]	suyo [쑤오], a [아]	le [레]	lo [로]	ud. [우스뗃]
él [엘]	그, 그것 (남성형)							él [엘]
ello [에요]	그것 (중성형)							ello [에요]
ella [에야]	그녀, 그것 (여성형)						la [라]	ella [에야]
nosotros [노쏘뜨로스]	우리	nos [노스]	nuestro [누에스뜨로] nuestra [누에스뜨라]	nuestros [누에스뜨로스] nuestras [누에스뜨라스]	nuestro [누에스뜨로], a [아]	nos [노스]	nos [노스]	nosotros [노쏘뜨로스]
vosotros [보쏘뜨로스]	너희들	vos [보스]	vuestro [부에스뜨로] vuestras [부에스뜨라스]	vuestros [부에스뜨로스] vuestras [부에스뜨라스]	vuestro [부에스뜨로], a [아]	vos [보스]	vos [보스]	vosotros [보쏘뜨로스]
uds./ustedes [우스떼데스]	당신들/너희들 (중남미)	se [쎄]	su [수]	sus [쑤스]	suyo [쑤요], a [아]	le [레스]	los [로스]	uds. [우스뗀]
ellos [에요스]	그 남자들, 그들, 그것들 (중성형/남성형)							ellos [에요스]
ellas [에야스]	그 여자들, 그것들 (여성형)						la [라스]	ellas [에야스]

G. 지시사(indicador)

※ 형용사에 강세표를 찍으면 대명사가 됨

	남성 (복수)	여성 (복수)	중성
this: 이	este(estos) [에스떼(또스)]	esta(s) [에스따(스)]	esto [에스또]
it: 그	ese(esos) [에세(소스)]	esa(s) [엣사(스)]	eso [엣소]
that: 저	aquel(aquellos) [아껠(께요스)]	aquella(s) [아께야(스)]	aquello [아께요]

H. 관계사(relativo)

	Spanish	발음	English	뜻		Spanish	발음	English	뜻
1	que	[께]	who, whom, which, what, that	막연한 대상	7	como	[꼬모]	how	어떻게
2	quien(es)	[끼엔(에네스)]	who	누구(들)	8	donde	[돈데]	where	어디서
3	cuyo	[꾸요]	whose	누구의	9	por que	[뽈께]	why	왜
4	cual(es)	[꾸알(아레스)]	which	어느 것(들)	10	aqui	[아끼]	here	여기
5	cuando	[꾸안도]	when	언제	11	ahi	[아이]	there	저기
6	cuanto	[꾸안또]	how much (many)	얼마 (몇 개)	12	hay	[아이]	there are(is)	(거기) 있다

I. 접속사(conjuncion)

	Spanish	발음	English		Spanish	발음	English
1	y	[이]	and	20	es decir	[에스 데씰]	that is (to say)
2	e	[에]	and	21	esto es	[에스또 에스]	that is
3	antes	[안떼스]	before	22	por que	[뽈께]	because
4	despues de	[데스뿌에스 데]	after	23	pues	[뿌에스]	as, since
5	ni, ni	[니, 니]	neither, nor	24	si	[시]	if
6	otro	[오뜨로]	another	25	de que	[데 께]	of
7	ninguno	[닌구노]	neither, nor	26	con tal de que	[꼰딸데께]	as long as
8	u	[우]	or	27	siempre que	[씨엠쁘웨 께]	when·ever
9	o bien, obien	[오 비엔, 오비엔]	ether, or	28	como	[꼬모]	if
10	pero	[뻬로]	but	29	que no	[께 노]	"no"
11	mas	[마스]	but	30	que si	[께 씨]	"yes"
12	mas que	[마스 께]	even if	31	para que	[빠라 께]	so what
13	menos	[메노스]	but	32	a fin de que	[아 휜 데 께]	in order to
14	aunque	[아운께]	although	33	ya, ya	[야, 야]	now, now
15	sin embargo	[씬 엠바알고]	however	34	ya que	[야 께]	since
16	sino	[씨노]	rather	35	fuera, fuera	[후에롸, 후에롸]	either, or
17	por lo demás	[뽈 로 데마스]	otherwise	36	antes bien	[안떼스 비엔]	on the contrary
18	no obstante	[노 옵스딴떼]	nevertheless	37	con todo	[꼰 또도]	even so
19	excepto / salvo	[엑셉또 / 쌀보]	except for				

J. 전치사(preposicion)

	Spanish	발음	English		Spanish	발음	English
1	a	[아]	to, at	11	en	[엔]	in, on, at
2	amba(o)s	[암바(보)스]	both	12	entre	[엔뜨레]	between, among
3	ante	[안떼]	before	13	hacia	[아씨아]	until, toward
4	bajo	[바호]	under	14	hasta	[아스따]	toward, until
5	cada	[까다]	each, every	15	para	[빠라]	for, in order to
6	con	[꼰]	with	16	por	[뽈]	for, by
7	contra	[꼰뜨라]	against	17	según	[세군]	according to
8	de	[데]	of, from	18	sin	[씬]	without
9	desde	[데스데]	from, since	19	sobre	[쏘브레]	about, up(on), abore, around
10	(de)trás	[(데)뜨롸스]	behind	20	tras	[뜨롸스]	after, behind

K. 접사(afijo)

a. 접두사(prefijo)

	Espanol	(English)	Coreano (설명)		Espanol	(English)	Coreano (설명)
1	a~, an~	(a~, an~)	부정	11	extra~	(extra~)	(예)외·여분
2	ante~	(ante~)	전방	12	hiper~	(hyper~)	상위
3	anti~	(anti~)	반대	13	hipo~	(hypo~)	하위
4	bi~, bis~	(bi~)	두(번)	14	in~	(in~, im~)	부정
5	co~, con~	(co~, com~, con~)	함께	15	inter~	(inter~)	중위
6	contra~	(contra~)	반대	16	pos~, post~	(post~)	후(위)
7	de~, des~	(de~, dis~)	반대·분리	17	pre~	(pre~)	앞·미리
8	en~	(in~)	안(쪽)	18	re~	(re~)	반복·강조
9	entre~	(inter~)	중간·사이	19	sub~	(sub~)	아래
10	ex~	(ex~)	밖(으로)	20	super~	(super~)	상위

b. 접미사(sufijo)

	Espanol	(English)	Coreano (설명)		Espanol	(English)	Coreano (설명)
1	~ado	(~ed)	과거형	8	~ción	(~tion)	행위·상태·결과
2	~al	(~al)	~한·~함	9	~cracia	(~cracy)	지배·세력·정치계급
3	~ando, ~iendo	(~ing)	현재분사(진행형)	10	~dad	(~ty)	행위·성질·상태
4	~ano, ~ana	(~an)	국적, ~성질의	11	~dor	(~tor)	~하는 것(사람)
5	~ante	(~ant)	~하는 것 (사람)	12	~encia	(~ence)	성질·상태
6	~ar, ~er, ~ir	(to)	부정사, 동사형	13	~eza	(~ness)	성질·상태
7	~arquía	(~archy)	정체 (본모양)	14	~filo, ~fila	(~phile)	사랑(좋아)하는

	Espanol	(English)	Coreano (설명)		Espanol	(English)	Coreano (설명)
15	~fobo, ~foba	(~phobe)	혐오(무서워)하는	24	~mento, miento	(~ment)	동작·수단·상태·결과
16	~ica, ~ico	(~ic<al>)	~의·~같은·~으로 된	25	~no	(~nae)	성질·상태·결과·사람
17	~ido	(~ed)	(과거)분사형	26	~or, ~ora	(~er, ~or)	하는 것(사람)
18	~ificar	(~ify)	~하게 하다	27	~orio, ~oria	(~ory)	하는 곳(성질·기능)
19	~ismo, ~isma	(~ism)	행동·작용·상태·학설	28	~oso, ~osa	(~ous)	~비슷한 (특성)
20	~ista	(~ist)	~하는 사람(주의자)	29	~ro	(~er, ~re)	하는 것(곳·사람)
21	~ivo	(~ive)	~한 성질·경향	30	~sión	(~sion)	상태·동작
22	~izar	(~ize, ~ise)	~으로 만들다(변화시키다)	31	~tud	(~tude)	성질·상태
23	~mente	(~ly)	부사형, ~다운, ~성질의				

Plaza de Toros Monumental de Las Ventas

Spain Square in Madrid

II
동사
verbo

**이원택의
맛보기
스페인어**

II. 동사(verbo)

A. 동사 변화(cambio de verbo)

1. 동사는 6가지 인칭에 따라 바뀜

2. 동사의 원형은 대개 ~ar·~er·~ir로 끝남
   ① 현재·과거·불완료 과거형(과거의 지속된 행위나 상태)은 원래 접미어를 떼고 인칭에 따른 접미어를 붙임
   ② 현재분사: ~ar 동사는 어미 탈락 후 ⟨ando⟩ / ~er·~ir 동사는 어미 탈락 후 ⟨iendo⟩를 붙임
   ③ 과거분사: ~ar 동사는 어미 탈락 후 ⟨ado⟩ / ~er·~ir 동사는 어미 탈락 후 ⟨ido⟩를 붙임
   ④ 현재완료: haber(have)의 현재형+과거분사
   ⑤ 진행형: estar+현재(과거)분사
   ⑥ 가정법과 미래형은 원형을 그대로 둔 상태에서 접미어를 붙임
   ⑦ 어간에 e나 o가 포함된 경우 등 불규칙 변형이 많음

3. 주요 동사(verbo primario)
   ① ser: be; 이다(지속적)

인칭	현재	과거	불완료 과거	가정법	미래
yo	soy	fui	era	sería	seré
tú	eres	fuiste	eras	serías	serás
él/ella/ud	es	fue	era	sería	será
nosotros	somos	fuimos	féramos	seríamos	seremos
vosotros	sois	fuisteis	erais	seríais	seréis
ellos/ellas/usd	son	fueron	eran	serían	serán

② estar: be; 이다(일시적)

인칭	현재	과거	불완료 과거	가정법	미래
yo	estoy	estuve	estaba	estaría	estaré
tú	estás	estuviste	estabas	estarías	estarás
él/ella/ud	está	estuvo	estaba	estaría	estará
nosotros	estamos	estuvimos	estábamos	estaríamos	estaremos
vosotros	estáis	estuvisteis	estabais	estaríais	estaréis
ellos/ellas/usd	están	estuvieron	estaban	estarían	estarán

③ poder: can; 할 수 있다

인칭	현재	과거	불완료 과거	가정법	미래
yo	puedo	pude	podía	podría	podré
tú	puedes	pudiste	podías	podrías	podrás
él/ella/ud	puede	pudo	podía	podría	podrá
nosotros	podemos	pudimos	podíamos	podríamos	podremos
vosotros	podéis	pudisteis	podíais	podríais	podréis
ellos/ellas/usd	pueden	pudieron	podían	podrían	podrán

④ hacer: do; 하다

인칭	현재	과거	불완료 과거	가정법	미래
yo	hago	hice	hacía	haría	haré
tú	haces	hiciste	hacías	harías	harás
él/ella/ud	hace	hizo	hacía	haría	hará
nosotros	hacemos	hicimos	hacíamos	haríamos	haremos
vosotros	hacéis	hicisteis	hacíais	haríais	haréis
ellos/ellas/usd	hacen	hicieron	hacían	harían	harán

⑤ ir: go; 가다

인칭	현재	과거	불완료 과거	가정법	미래
yo	voy	fui	iba	iría	iré
tú	vas	fuiste	ibas	irías	irás
él/ella/ud	va	fue	iba	iría	irá
nosotros	vamos	fuimos	íbamos	iríamos	iremos
vosotros	vais	fuisteis	ibais	iríais	iréis
ellos/ellas/usd	van	fueron	iban	irían	irán

⑥ dar: give; 주다

인칭	현재	과거	불완료 과거	가정법	미래
yo	doy	di	daba	daría	daré
tú	das	diste	dabas	darías	darás
él/ella/ud	da	dio	daba	daría	dará
nosotros	damos	dimos	dábamos	daríamos	daremos
vosotros	dais	disteis	dabais	daríais	daréis
ellos/ellas/usd	dan	dieron	daban	darían	darán

⑦ tener: have; 가지고 있다

인칭	현재	과거	불완료 과거	가정법	미래
yo	tengo	tuve	tenía	tendría	tendré
tú	tienes	tuviste	tenías	tendrías	tendrás
él/ella/ud	tiene	tuvo	tenía	tendría	tendrá
nosotros	tenemos	tuvimos	teníamos	tendríamos	tendremos
vosotros	tenéis	tuvisteis	teníais	tendríais	tendréis
ellos/ellas/usd	tienen	tuvieron	tenían	tendrían	tendrán

⑧ querer: love; 원하다, 좋아하다

인칭	현재	과거	불완료 과거	가정법	미래
yo	quiero	quise	quería	querría	querré
tú	quieres	quisiste	querías	querrías	querrás
él/ella/ud	quiere	quiso	quería	querría	querrá
nosotros	queremos	quisimos	queríamos	querríamos	querremos
vosotros	queréis	quisisteis	queríais	querríais	querréis
ellos/ellas/usd	quieren	quisieron	querían	querrían	querrán

B. 기본 동사 (verbo basico)

	Spanish	발음	English		Spanish	발음	English
1	abrir	[아브릴]	open	38	costar	[꼬스딸]	cost
2	acabar	[아까발]	end, finish	39	crear	[끄레알]	create
3	aceptar	[아셉딸]	accept	40	crecer	[끄레쎌]	grow
4	acostar	[아꼬스딸]	go to bed	41	creer	[끄레엘]	believe, think
5	alcanzar	[알깐쌀]	reach	42	cruzar	[끄루쌀]	cross
6	amar	[아말]	love	43	cubrir	[꾸브릴]	cover
7	apagar	[아빠갈]	extinguish	44	cumplir	[꼼쁘릴]	achieve, complete
8	aprender	[아쁘렌델]	learn	45	deber	[데벨]	owe, must
9	assistir	[아씨스띨]	assist	46	decidir	[데시딜]	decide
10	ayudar	[아유달]	help	47	decir	[데씰]	say
11	bailar	[바이랄]	dance	48	defender	[데휀델]	defend
12	bajar	[바할]	go down, get off	49	dejar	[데할]	leave, allow
13	beber	[베벨]	drink	50	descubrir	[데스꾸브릴]	discover
14	buscar	[부스깔]	look for	51	desear	[데세알]	desire, wish
15	caber	[까벨]	fit	52	despedir	[데스뻬딜]	depart
16	caer	[까엘]	fall	53	despertar	[데스뻬르딸]	wake up
17	cambiar	[깜비알]	change	54	destruir	[데스뜨루일]	destroy
18	cantar	[깐딸]	sing	55	devolver	[데볼벨]	return
19	casar	[까쌀]	marry	56	dirigir	[디리힐]	direct
20	cerrar	[세르랄]	close	57	doler	[도렐]	hurt
21	cocinar	[꼬시날]	cook	58	dormir	[도르밀]	sleep
22	cogar	[꼬갈]	catch, take	59	duchar	[두찰]	douche, shower
23	comenzar	[꼬멘쌀]	begin	60	echar	[에찰]	throw, cast
24	comer	[꼬멜]	eat	61	elegir	[엘레힐]	elect
25	compartir	[꼼빠르띨]	share	62	empezar	[엠뻬쌀]	start
26	comprar	[꼼쁘랄]	buy	63	encantar	[엔깐딸]	encounter
27	comprender	[꼼쁘렌델]	comprehend	64	encender	[엔센델]	light, turn on
28	conducir	[꼰두씰]	conduct	65	encontrar	[엔꼰뜨랄]	encounter, find
29	conocer	[꼬노쎌]	know, meet	66	entender	[엔뗀델]	understand
30	conseguir	[꼰새길]	get	67	entrar	[엔뜨랄]	enter
31	considerar	[꼰시데랄]	consider	68	enviar	[엔뷔알]	send
32	construir	[꼰스뜨루일]	construct	69	escoger	[에스꼬헬]	choose
33	contar	[꼰딸]	count	70	escribir	[에스끄리빌]	write
34	convertir	[꼰벨띨]	convert	71	escuchar	[에스꾸찰]	listen
35	corregir	[꼬르헤힐]	correct	72	esperar	[에스뻬랄]	expect, wait
36	correr	[꼬렐]	run	73	estudiar	[에스뚜디알]	study
37	cortar	[꼬르딸]	cut	74	exigir	[엑씨힐]	demand

	Spanish	발음	English		Spanish	발음	English
75	existir	[엑시스띨]	exit	113	menejar	[메네핳]	manage
76	explicar	[엑스쁘리깔]	explain	114	mentir	[멘띨]	lie
77	formar	[휠맠]	form, make	115	mirar	[미핳]	look at, watch
78	ganar	[가날]	earn, win	116	morir	[모맅]	die
79	gastar	[가스딸]	spend	117	mostrar	[모스뜨핳]	show
80	gustar	[구스딸]	(gusto), like	118	mover	[모벨]	move
81	habitar	[아비딸]	inhabit	119	nacer	[나쎌]	be born
82	habituar	[아비뚜알]	get used to	120	nadar	[나닫]	swim
83	hablar	[아브랄]	speak, talk	121	necesitar	[네세시딸]	need
84	hackear	[아께알]	hack	122	obtener	[옵떼넬]	obtain
85	haga	[아가]	make, do	123	ocurrir	[오꾸르릴]	occur, happen
86	halagar	[알라갈]	flatter	124	ofrecer	[오후뤠쎌]	offer
87	hartar	[알딸]	get bored of	125	oír	[오잍]	hear
88	haver	[아벨]	have	126	oler	[오렐]	smell
89	helar	[엘랄]	freeze	127	olvidar	[올뷔닫]	forget
90	henchir	[엔칠]	fill	128	organizar	[올가니쌀]	organize
91	herir	[에맅]	hurt	129	pagar	[빠갈]	pay
92	hervir	[엘빌]	boil	130	parar	[빠핳]	stop
93	hinchar	[인찰]	swell	131	parecer	[빠뤠쎌]	seem, look like
94	hostigar	[오스띠갈]	bother, pester	132	partir	[빨띨]	part, leave
95	huir	[우잍]	escape, run away	133	pasar	[빠쌀]	pass, happen
96	incluir	[인클루잍]	include	134	pedir	[뻬딜]	ask for
97	intentar	[인뗀딸]	intend, try	135	pensar	[뻰쌀]	think
98	jugar	[후갈]	play	136	perder	[뻴델]	lose
99	lavar	[라발]	wash	137	permitir	[뻴미띨]	permit, allow
100	leer	[레엘]	read	138	poner	[뽀넬]	put
101	levantar	[레반딸]	raise, get up	139	practicar	[쁘락띠깔]	practice
102	limpiar	[림삐알]	clean	140	preferir	[쁘뤠훼맅]	prefer
103	llamar	[야맠]	call	141	preguntar	[쁘뤠군딸]	ask
104	llegar	[예갈]	arrive	142	preparar	[쁘뤠빠핳]	prepare
105	llenar	[예날]	fill	143	presentar	[쁘뤠센딸]	present
106	llevar	[예밣]	carry, wear	144	prestar	[쁘레스딸]	lend
107	llorar	[요핳]	cry	145	probar	[쁘로발]	try (on)
108	llover	[요벨]	rain	146	producir	[쁘로두씰]	produce
109	lograr	[로그핳]	get, manage	147	proteger	[쁘로떼헬]	protect
110	mandar	[만닫]	order	148	quebrar	[끼브핳]	break
111	mantener	[만떼넬]	maintain	149	quedar	[께닫]	stay
112	medir	[메딜]	measure	150	quejar	[끼핳]	complain

Spanish	발음	English	Spanish	발음	English
151 quitar	[끼딸]	quit, remove	177 sonreír	[손뤠일]	smile
152 realizar	[뤠아리쌀]	realize, carry out	178 subir	[수빌]	sublet(lease)
153 recibir	[뤠시빌]	receive	179 sugerir	[수헤릴]	suggest
154 recoger	[뤠꼬헬]	pick up	180 sumergir	[수메르힐]	submerge
155 recomendar	[뤠꼬멘달]	recommend	181 suplicar	[수쁘리깔]	appeal, plead
156 reconocer	[뤠꼬노쎌]	recognize	182 suponer	[수뽀넬]	suppose
157 recordar	[뤠꼬르달]	record, remmber	183 terminar	[떨미날]	terminate
158 regresar	[뤠그뤠쌀]	regress	184 tocar	[또깔]	touch
159 reír	[뤠일]	laugh	185 tomar	[또말]	take
160 remar	[뤠말]	row	186 trabajar	[뜨라바할]	work
161 repetir	[뤠뻬띨]	repeat	187 traducir	[뜨라두씰]	translate
162 resolver	[뤠솔뷀]	resolve	188 traer	[뜨라엘]	bring
163 resultar	[뤠술딸]	turn out	189 tratar	[뜨라딸]	treat
164 rezar	[뤠쌀]	pray	190 usar	[우쌀]	use
165 rogar	[로갈]	beg	191 utilizar	[우띨리쌀]	utilize
166 romper	[롬뻴]	break	192 velar	[뷀랄]	guard
167 saber	[사뷀]	know	193 vender	[뷀델]	sale
168 sacar	[사깔]	take out	194 venir	[뷀닐]	come
169 salir	[사릴]	go out	195 ver	[뷀]	see
170 se	[씨]	(I) know	196 vestir	[뷀스띨]	vest, wear
171 secar	[세깔]	dry	197 violar	[뷔오랄]	violate
172 seguir	[세길]	follow	198 visitar	[뷔시딸]	visit
173 sentar	[센딸]	sit	199 vivir	[뷔빌]	live
174 sentir	[센띨]	sense, feel	200 volar	[보랄]	fly
175 servir	[셀빌]	serve	201 volver	[볼뷀]	return, come back
176 sofreír	[소후뤠일]	saute, fry			

Palacio real de Madrid

Mila House

III
어휘
vocabulario

이원택의
맛보기
스페인어

III. 어휘(vocabulario)

A. 국가(nacion)

	Spanish	발음	English		Spanish	발음	English
1	Alemania	[알레마니아]	Germany	9	Francia	[후환씨아]	France
2	Argentina	[알젠띠나]	Argentina	10	India	[인디아]	India
3	Brasil	[브라씰]	Brazil	11	Inglaterra	[잉글라떼롸]	England
4	Chile	[췰레]	Chile	12	Japan	[하뽄]	Japan
5	China	[치나]	China	13	Mexico	[메히꼬]	Mexico
6	Corea	[꼬뤠아]	Korea	14	Perú	[뻬루]	Peru
7	Espana	[에스빠냐]	Spain	15	Portugal	[뽀뚜갈]	Portugal
8	Estados Unidos	[에스따도스 우니도스]	U.S.	16	Rusia	[루시아]	Russia

B. 숫자(numero)

숫자	Spanish	발음	뜻	숫자	Spanish	발음	뜻
0	cero	[쎄로]	영	3	tres	[뜨뤠스]	셋
1	uno	[우노]	하나	4	cuatro	[꾸아뜨로]	넷
2	dos	[도스]	둘	5	cinco	[씽꼬]	다섯

숫자	Spanish	발음	뜻	숫자	Spanish	발음	뜻
6	seis	[쎄이스]	여섯	50	cincuenta	[싱꿴따]	쉰
7	siete	[시에떼]	일곱	60	sesenta	[세쎈따]	예순
8	ocho	[오쵸]	여덟	70	setenta	[세뗀따]	일흔
9	nueve	[누에붸]	아홉	80	ochenta	[오첸따]	여든
10	diez	[디에스]	열	90	noventa	[노붼따]	아흔
11	once	[온세]	열하나	100	cien(to)	[씨엔(또)]	백
12	doce	[도세]	열둘	200	dos cientos	[도스 씨엔또스]	이백
13	trece	[뜨붸세]	열셋	300	tres cientos	[뜨붸스 씨엔또스]	삼백
14	catorce	[까또르세]	열넷	400	cuatro cientos	[꾸아뜨로 씨엔또스]	사백
15	quince	[낀세]	열다섯	500	quinientos	[끼니엔또스]	오백
16	diez y seis	[디에스 이 쎄이스]	열여섯	1,000	mil	[밀]	천
17	diez y siete	[디에스 이 시에떼]	열일곱	2,000	dos mil	[도스 밀]	이천
18	diez y ocho	[디에스 이 오쵸]	열여덟	10,000	diez mil	[디에스 밀]	만
19	diez y nueve	[디에스 이 누에붸]	열아홉	100,000	cien mil	[씨엔 밀]	십만
20	veinte	[베인떼]	스물	1,000,000	million	[미욘]	백만
30	treinta	[뜨뤤따]	서른	10^9	mil millones	[밀 미요네스]	십억
40	cuarenta	[꽈뤤따]	마흔	10^{12}	billón	[비욘]	조

C. 시간(tiempo)

a. 계절(estaciones ⟨cuatro⟩)

봄	La primavera	[라 쁘리마붸라]	가을	El otono	[엘 오또노]
여름	El verano	[엘 붸라노]	겨울	El invierno	[엘 인뷔에르노]

b. 월(meses 〈del ano〉)

월	스페인어	발음	월	스페인어	발음
1월	**Enero**	[에네로]	7월	**Julio**	[훌리오]
2월	**Febrero**	[훼브뤠로]	8월	**Agosto**	[아고스또]
3월	**Marzo**	[마르소]	9월	**Septiembre**	[셉띠엠브뤠]
4월	**Abril**	[아브릴]	10월	**Octubre**	[옥뚜브뤠]
5월	**Mayo**	[마요]	11월	**Noviembre**	[노뷔엠브뤠]
6월	**Junio**	[후니오]	12월	**Diciembre**	[디시엠브뤠]

c. 요일(dias 〈dela semana〉)

요일	스페인어	발음	요일	스페인어	발음	요일	스페인어	발음
일	**Domingo**	[도밍고]	수	**Miercoles**	[미에르꼴레스]	금	**Viernes**	[뷔에르네스]
월	**Lunes**	[루네스]	목	**Jueves**	[후에베스]	토	**Sabado**	[싸바도]
화	**Martes**	[마르떼스]						

d. 때 (periodo)

나이	edad	[에닫]	새벽	madrugada	[마드루가다]	내일	mañana	[마냐나]
년	año	[아뇨]	오전	mañana	[마냐나]	정오	mediodía	[메디오디아]
날자	fecha	[훼차]	오후	tarde	[따르데]	자정	medianoche	[메디아노체]
하루	día	[디아]	밤	noche	[노체]	시각	hora	[오라]
오늘	hoy	[오이]	어제	ayer	[아이엘]	잠시	momento	[모멘또]

D. 가족 (la familia)

1	abuelo(a)	[아부엘로(라)]	조부(모)
2	p(m)adre \ p(m)p(m)a	[빠(마)드레] \ [빠(마)빠(마)]	부(모)
3	p(m)adrastro(a)	[빠(마)드롸스트로(라)]	계부(모)
4	esposo(a)	[에스뽀소(사)]	남(여)편
5	hijo(a)	[이호(하)]	자(녀)
6	nieto(a)	[니에또(따)]	손자(녀)
7	tío(a)	[띠오(아)]	숙부(모)
8	sobrino(a)	[소브뤼노(나)]	질(녀)
9	hermano(a), mayor \ menor	[에르마노(나), [마욜] \ [메놀]	형제(자매)
10	hermanastro(a)	[에르마나스트로(롸)]	의붓형제(자매)
11	cuñado(a)	[꾸냐도(다)]	법 형제(자매)
12	primo(a)	[쁘뤼모(마)]	종형제(자매)

E. 신체 부위 (parte de cuerpo)

#	Español	발음	한국어
1	la sangre	[라 싼그레]	피
2	vaso sanguineo	[바소 싼귀네오]	혈관
3	el hueso	[엘 우에소]	뼈
4	el musculo	[엘 무스꿀로]	근육
5	el nervio	[엘 네르뷔오]	신경
6	la coyuntura	[라 꼬윤뚜라]	관절
7	la piel	[라 삐엘]	피부
8	el pelo	[엘 뻴로]	털
9	la cabeza	[라 까베사]	머리
10	el cabello	[엘 까베요]	머리털
11	la frente	[라 후뤤떼]	이마
12	la cara	[라 까롸]	얼굴
13	el ojo	[엘 오호]	눈
14	las cejas	[라스 쎄하스]	눈썹
15	las pestañas	[라스 뻬스따냐스]	속눈썹
16	el parpado	[엘 빠르빠도]	눈꺼풀
17	la nariz	[라 나뤼스]	코
18	la oreja	[라 오뤠하]	귓바퀴
19	el oido	[엘 오이도]	속귀
20	la boca	[라 보까]	입
21	el labio	[엘 라비오]	입술
22	la lengua	[라 렝구아]	혀
23	el diente	[엘 디엔떼]	이빨
24	la muela	[라 무엘라]	어금니
25	la mejilla	[라 메히야]	볼
26	la barba	[라 바르바]	턱
27	el cuello	[엘 꾸에요]	목
28	el hombro	[엘 옴브로]	어깨
29	el pecho	[엘 뻬쵸]	가슴
30	el seno	[엘 쎄노]	유방
31	la teta	[라 떼따]	젖
32	la costilla	[라 꼬스띠야]	늑골
33	el corazon	[엘 꼬라쏜]	심장
34	el pulmon	[엘 뿔몬]	폐
35	el costado	[엘 꼬스따도]	옆구리
36	el ventre	[엘 붼뜨훼]	배
37	el estomago	[엘 에스또마고]	위
38	el higado	[엘 이가도]	간
39	el rinon	[엘 르리논]	신장
40	el intestina	[엘 인떼스띠노]	장
41	el brazo	[엘 브라소]	팔
42	el codo	[엘 꼬도]	팔꿈치
43	la mano	[라 마노]	손
44	el dedo	[엘 데도]	손(발)가락
45	la una	[라 우냐]	손(발)톱
46	la espalda	[라 에스빨다]	등
47	la espina	[라 에스삐나]	등뼈
48	la cintura	[라 신뚜롸]	허리
49	el culo	[엘 꿀로]	엉덩이
50	la pierna	[라 삐에르나]	다리
51	la rodilla	[라 로디야]	무릎
52	el tobillo	[엘 또비요]	복숭아뼈
53	el pie	[엘 삐에]	발
54	el ano	[엘 아노]	항문
55	el pene(polla)	[엘 뻬네(뽀야)]	음경(자지)
56	la vulva(cono)	[라 부울봐(꼬뇨)]:	음문(보지)

F. 음식(comidas)

a. codimentos(양념)

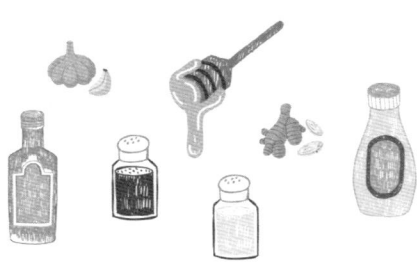

1	sal	[쌀]	소금	8	azucar	[아수까르]	설탕
2	pimienta	[삐미엔따]	후추	9	miel	[미엘]	꿀
3	chile \ aji	[칠레] \ [아히]	고추	10	aceite	[아세이떼]	올리브유
4	ajo	[아호]	마늘	11	mantequilla	[만떼끼야]	버터
5	jengibre	[헹히브레]	생강	12	margarina	[마르가리나]	마가린
6	mostaza	[모스따사]	겨자	13	mermelada	[메르멜라다]	마멀레이드
7	vinagre	[뷔나그레]	(식)초	14	mayonesa	[마요네사]	마요네즈

b. entremeses(동반식)

1	sopas	[쏘빠스]	국물	9	pastel	[빠스뗄]	케이크
2	caldo	[깔도]	고깃국	10	fritas	[후뤼따스]	칩스
3	puré	[뿌뤠]	걸쭉한 국물	11	hamburguesa	[암벌구에사]	햄버거
4	consomé	[꼰소메]	맑은 고기 국물	12	espagueti	[에스빠게띠]	스파게티
5	ensalada	[엔살라다]	샐러드	13	bocadillo \ bocata	[보까디요] \ [보까따]	샌드위치
6	pan	[빤]	빵	14	arroz	[아로스]	쌀
7	pasta	[빠스따]	파스타	15	frijoles	[후뤼호레스]	콩(류)
8	tarta	[따르따]	파이	16	callos	[까요스]	옥수수

c. carnes (육류)

1	vaca	[봐까]	소
2	ternera	[떼르네롸]	송아지
3	carnero \ obejo	[까르네로] \ [오베호]	양
4	lechón	[레촌]	작은 돼지
5	cerdo \ puerco	[쎄르도] \ [뿌에르꼬]	돼지
6	jamón	[하몬]	햄
7	tocino	[또씨노]	베이컨
8	salchicha	[살치챠]	소시지
9	chorizo	[쵸뤼소]	작은 (매운) 소시지
10	jabalí	[하발리]	멧돼지

d. aves \ pajaro (새고기)

1	pollo	[뽀요]	닭(영계)
2	gallina	[가이이나]	암탉(노계)
3	ganso \ oca	[간소] \ [오까]	거위
4	pato	[빠또]	오리
5	faisán	[화이싼]	꿩
6	perdiz	[뻬르디스]	자고
7	cordorniz	[꼬도르니스]	메추라기
8	pavo \ guajolote	[빠보] \ [구와호로떼]	칠면조

e. huevos (달걀)

1	huevos estrellados	[우에보스 에스뜨뤠야도스]	계란프라이
2	huevos revueltos	[우에보스 뤠부엘또스]	스크램블드에그
3	huevos pasados por agua	[우에보스 빠싸도스]	삶은 계란
4	tortilla	[또르띠야]	오믈렛

f. pescados (물고기 \ 어물)

1	almeja	[알메하]	조개	16	langostino	[랑고스띠노]	대하
2	anchoa	[안쵸아]	멸치	17	lenguado	[렝구아도]	가자미
3	anguila	[앙길라]	장어	18	lúcio	[루시오]	곤들매기
4	arenque	[아뤤께]	청어	19	mariscos	[마리스꼬스]	해산 갑각류
5	atún	[아뚠]	다랑어	20	merluza	[메를루사]	민대구
6	bacalao	[바깔라오]	대구	21	mero	[메로]	능성어
7	besugo	[베쑤고]	도미	22	ostras \ ostiones	[오스뜨롸스] \ [오스띠오네스]	굴
8	bogavante	[보가봔떼]	(유럽) 랍스터	23	perca	[뻬르까]	농어
9	bonito	[보니또]	가다랑어	24	percebes	[뻬르쎄베스]	작은 조개
10	caballa	[까바야]	전갱이	25	pescadilla	[뻬스까디야]	작은 대구
11	calamari	[깔라마뤼]	낙지	26	pulpo	[뿔뽀]	문어
12	camarones	[까마로네스]	새우	27	raya	[롸야]	가오리
13	cangrejo	[깡그뤠호]	게	28	salmón	[살몬]	연어
14	carpa	[까르빠]	잉어	29	salmonete	[살모네떼]	노랑촉수
15	langosta	[랑고스따]	가재	30	trucha	[뜨루챠]	송어

g. verduras (채소)

1	achicoria	[아치꼬뤼아]	양상추	3	arvejas	[알베하스]	누에콩
2	apio	[아삐오]	셀러리	4	avena	[아베나]	귀리

5 berenjenas	[베렌헤나스]	가지	
6 berros	[베르로스]	물냉이	
7 calabaza	[깔라**바**사]	호박	
8 camote \ batata	[까**모**떼] \ [바**따**따]	고구마	
9 cebada	[세바다]	보리	
10 cebolla	[세**보**야]	양파	
11 centeno	[센**떼**노]	호밀	
12 espinaca	[에스**뻬**나**까**]	시금치	
13 frijoles	[후뤼**홀**레스]	강낭콩	
14 garbanzos	[가르반소스]	병아리콩	
15 guisantes	[기**싼**떼스]	풋콩	
16 habas	[**아**바스]	넙적콩	
17 lechuga	[레**츄**가]	상추	
18 lenteja	[렌**떼**하]	렌즈콩	
19 maiz	[마이스]	옥수수	
20 nabo	[**나**보]	순무	
21 patatas \ papas	[빠**따**따스] \ [**빠**빠스]	감자	
22 pepino	[뻬**삐**노]	오이	
23 perejil	[뻬뤠**힐**]	파슬리	
24 pimiento morron	[삐미**엔**또 모르**론**]	붉은 고추	
25 remolacha	[뤠몰라차]: 근대	근대	
26 seta	[**쎄**따]	버섯	
27 trigo	[뜨뤼고]	밀	
28 zanahoria	[사나오**뤼**아]	당근	

h. frutas (과일)

1	aguacate	[아구아**까**떼]	아보카도
2	albaricoque	[알바뤼**꼬**께]	살구
3	almendras	[알**멘**드롸스]	아몬드
4	cacahuete \ mani	[까까우**에**떼] \ [**마**니]	땅콩
5	castaña	[까스**따**냐]	밤
6	cereza	[세**뤠**사]	버찌
7	ciruelas	[시루**엘**라]	매실
8	compota	[꼼**뽀**따]	설탕에 절인 과일
9	datiles	[**다**띨레스]	대추
10	durazno	[두**롸**스노]	(작은) 복숭아
11	fresa	[후**뤠**사]	딸기
12	granada	[그롸**나**다]	석류
13	grosella	[그로**쎄**야]	잔(건)포도
14	limon	[리몬]	레몬
15	mango	[**망**고]	망고
16	manzana	[만**싸**나]	사과
17	melocotón	[멜로꼬**똔**]	(큰) 복숭아
18	melón	[멜**론**]	참외
19	mora	[**모**롸]	오디
20	naranja	[나**롼**하]	귤
21	níspola	[**니**스뽈라]	비파
22	nuece	[누**에**세]	호두
23	pasas	[**빠**사스]	건포도
24	pera	[**뻬**롸]	배
25	piña \ ananá	[**삐**냐] \ [아나**나**]	파인애플
26	plátano	[**쁠**라따노]	바나나
27	sandía	[산**디**아]	수박
28	tomate	[또마**떼**]	토마토
29	toronja	[토**론**하]	자몽
30	uva	[**우**봐]	포도

i. bebida (음료)

1	agua	[아구아]	물	11	leche	[레체]	젖
2	aguadiente	[아구아르디엔떼]	증류수	12	licor	[리꼬르]	독주
3	café	[까풰]	커피	13	ponche	[뽄체]	펀치
4	cerveza	[세르베사]	맥주	14	refresco	[뤠후뤠스꼬]	청량음료
5	champaña	[참빠냐]	샴페인	15	ron	[론]	람주
6	chicha	[치차]	옥수수 술	16	sidra	[씨드롸]	사이다
7	coctel	[꼭뗄]	칵테일	17	te	[떼]	(홍)차
8	coñac	[꼬냐끄]	코냑	18	vino	[비노]	포도주
9	curacao	[꾸롸싸오]	귤(독)주	19	yerba	[예르바]	약초(차)
10	ginebra	[히네브롸]	진	20	zumo	[수모]	주스

G. 자연 (naturaleza)

1	el cielo	[엘 씨엘로]	하늘	14	el aire	[엘 아이뤠]	공기
2	el sol	[엘 쏠]	해	15	la tierra	[라 띠에롸]	지구 (흙)
3	la luna	[라 루나]	달	16	la montaña	[라 몬따냐]	산
4	el estrella	[엘 에스뜨뤠야]	별	17	el mar	[엘 말]	바다
5	la nube	[라 누베]	구름	18	el río	[엘 뤼오]	강
6	la nieve	[라 니에베]	눈	19	el arroyo	[엘 아로요]	시내
7	el hielo	[엘 이엘로]	얼음	20	el lago	[엘 라고]	호수
8	la lluvia	[라 유뷔아]	비	21	el pasto	[엘 빠스또]	초원
9	el relámpago	[엘 뤨람빠고]	번개	22	la piedra	[라 삐에드롸]	돌
10	el trueno	[엘 뜨루에노]	천둥	23	la arena	[라 아뤠나]	모래
11	el arcoiris	[엘 아르꼬이뤼스]	무지개	24	el árbol	[엘 알볼]	나무
12	la niebla	[라 니에블라]	안개	25	la hierba	[라 이에르바]	풀
13	el viento	[엘 뷔엔또]	바람	26	la flor	[라 홀로르]	꽃

H. 동물(animal)

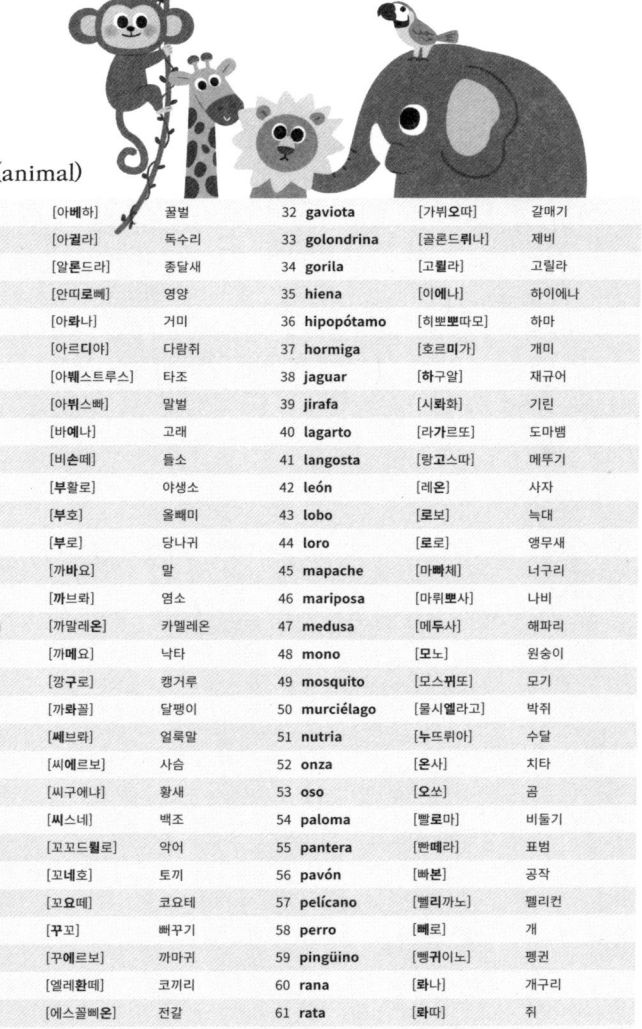

1	abeja	[아베하]	꿀벌	32	gaviota	[가뷔오따]	갈매기
2	aguila	[아귈라]	독수리	33	golondrina	[골론드뤼나]	제비
3	alondra	[알론드라]	종달새	34	gorila	[고륄라]	고릴라
4	antilope	[안띠로뻬]	영양	35	hiena	[이에나]	하이에나
5	araña	[아롸나]	거미	36	hipopótamo	[히뽀뽀따모]	하마
6	ardilla	[아르디야]	다람쥐	37	hormiga	[호르미가]	개미
7	avestruz	[아붸스트루스]	타조	38	jaguar	[하구알]	재규어
8	avispa	[아뷔스빠]	말벌	39	jirafa	[시롸파]	기린
9	ballena	[바예나]	고래	40	lagarto	[라가르또]	도마뱀
10	bisonte	[비손떼]	들소	41	langosta	[랑고스따]	메뚜기
11	búfalo	[부활로]	야생소	42	león	[레온]	사자
12	buho	[부호]	올빼미	43	lobo	[로보]	늑대
13	burro	[부로]	당나귀	44	loro	[로로]	앵무새
14	caballo	[까바요]	말	45	mapache	[마빠체]	너구리
15	cabra	[까브롸]	염소	46	mariposa	[마뤼뽀사]	나비
16	camaleón	[까말레온]	카멜레온	47	medusa	[메두사]	해파리
17	camello	[까몌요]	낙타	48	mono	[모노]	원숭이
18	canguro	[깡구로]	캥거루	49	mosquito	[모스뀌또]	모기
19	caracol	[까롸꼴]	달팽이	50	murciélago	[물시엘라고]	박쥐
20	cebra	[쎄브롸]	얼룩말	51	nutria	[누뜨뤼아]	수달
21	ciervo	[씨에르보]	사슴	52	onza	[온사]	치타
22	cigüeña	[씨구에냐]	황새	53	oso	[오쏘]	곰
23	cisne	[씨스네]	백조	54	paloma	[빨로마]	비둘기
24	cocodrilo	[꼬꼬드륄로]	악어	55	pantera	[빤떼라]	표범
25	conejo	[꼬네호]	토끼	56	pavón	[빠본]	공작
26	coyote	[꼬요떼]	코요테	57	pelícano	[뻴리까노]	펠리컨
27	cuco	[꾸꼬]	뻐꾸기	58	perro	[뻬로]	개
28	cuervo	[꾸에르보]	까마귀	59	pingüino	[뼁귀이노]	펭귄
29	elefante	[엘레환떼]	코끼리	60	rana	[롸나]	개구리
30	escorpion	[에스꼴삐온]	전갈	61	rata	[롸따]	쥐
31	gato	[가또]	고양이	62	sapo	[싸뽀]	두꺼비

63	serpiente	[쎌삐엔떼]	뱀	67	tortuga	[또르뚜가]	거북
64	tiburón	[띠부론]	상어	68	víbora	[뷔보라]	독사
65	tigre	[띠그뤠]	호랑이	69	zorro	[쏘로]	여우
66	toro	[또로]	황소				

I. 운동경기

1	ajedrez	[아헤드뤠스]	chess	20	golf	[골후]	golf
2	andar	[안달]	walking	21	hockey	[하키]	hockey
3	atletismo	[아뜰레띠스모]	athletics	22	judo	[유도]	judo
4	bádminton	[배드민똔]	badminton	23	karate	[카라떼]	karate
5	baloncesto	[발론쎄스또]	basketball	24	kayac	[카얕]	kayak
6	balonmano	[발론마노]	handball	25	lucha	[루차]	wrestling
7	béisbol	[베이스볼]	baseball	26	levantamiento	[레봔따미엔또]	lifting
8	billar	[비얄]	billards	27	natación	[나따시온]	swimming
9	bolos	[볼로스]	bowling	28	patinaje	[빠띠나헤]	skating
10	boxeo	[복쎄오]	boxing	29	ping pong	[벵 뽕]	ping pong
11	ciclismo	[씨 끌리스모]	cycling	30	polo	[뽈로]	polo
12	correr	[꼬뤨]	running	31	rugby	[뤽비]	rugby
13	críquet	[끄뤼케]	cricket	32	salto	[쌀또]	diving
14	equitación	[에퀴따시온]	equestrian	33	sofbol	[쏘후볼]	softball
15	escalada	[에스깔라다]	climbing	34	tenis	[떼니스]	tennis
16	esgrima	[에스그뤼마]	fencing	35	tiro al arco	[띠요 알 알꼬]	archery
17	esquí	[에스키]	ski	36	trotar	[뜨로딸]	jogging
18	fútbol	[훝볼]	soccer	37	velerismo	[벨레뤼스모]	sailing
19	gimnacia	[힘나시아]	gymnastic	38	voleibol	[볼레이볼]	volleyball

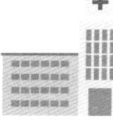

J. 장소(citio)

#	Spanish	발음	English	#	Spanish	발음	English
1	aeropuerto	[아에로뿌엘또]	airport	9	grandes almacenes	[그환데스 알마쎄네스]	department store
2	banco	[방꼬]	bank	10	hospital	[오스피딸]	hospital
3	biblioteca	[비블리오떼까]	library	11	hotel	[오뗄]	hotel
4	cafetería	[까훼떼뤼아]	cafeteria	12	librería	[리브뤠뤼아]	bookstore
5	cine	[씨네]	cinema	13	oficina de correos	[오휘씨나 데 꼬뤠오스]	post office
6	comisaría	[꼬미싸뤼아]	police station	14	parque	[빨케]	park
7	escuela	[에스꾸엘라]	school	15	restaurante	[레스또우뢴떼]	restaurent
8	farmacia	[화르마씨아]	pharmacy	16	supermercado	[쑤뻴멜까도]	supermarket

K. 직업(ocupacion \ profesion)

	Spanish	발음	English		Spanish	발음	English
1	abogado	[아보가도]	lawyer	15	cajero	[까헤로]	cashier
2	acerero	[아쎄뤠로]	steeler	16	camarero	[까마뤠로]	bartender
3	agrimensor	[아그뤼멘솔]	surveyor	17	camionero	[까묘네로]	truck driver
4	albañil	[알바닐]	construction worker	18	campesino	[깜뻬씨노]	farmer
5	almacenero	[알마세네로]	grocer	19	canicero	[까니쎄로]	butcher
6	alumno	[알룸노]	pupil	20	capataz	[까파따스]	'captain'
7	arquitecto	[알퀴떽또]	architect	21	carpintero	[까르뻰떼로]	carpenter
8	artista	[아르띠스따]	artist	22	cartero	[까르떼로]	postman
9	asistente	[아씨스뗀떼]	assistant	23	casero	[까쎄로]	landlord
10	autor	[오우똘]	author	24	cazador	[까사돌]	hunter
11	azafata	[아자화따]	stewardess	25	chef	[쉐후]	chef
12	baratero	[바라떼로]	(discount) store keeper	26	chofer	[쇼휄]	chauffeur
13	bombero	[봄베로]	fireman	27	científico	[씨엔띠휘꼬]	scientist
14	botones	[보또네스]	bell boy	28	cirujano	[씨루하노]	surgeon

Spanish	발음	English	Spanish	발음	English
29 cocinero	[꼬씨네로]	cook	63 ganadero	[가나데로]	rancher
30 comentador	[꼬멘따돌]	commentator	64 gaucho	[가우쵸]	cowboy
31 comerciante	[꼬메르시안떼]	merchant	65 gerente	[헤뤤떼]	manager
32 compañero	[꼼빠네로]	companion	66 granjero	[그롼헤로]	farmer
33 concierge \ conserje	[깐시엘쥐] \ [꼰쎌헤]	consierge	67 herrador \ herrero	[에롸돌] \ [에뤠로]	blacksmith
34 conductor	[꼰둑돌]	driver	68 hortelano	[오뗄라노]	gardener
35 consejero	[꼰세헤로]	counselor	69 hostia	[오스띠아]	hostess
36 constructor	[꼰스뜨룩돌]	construction worker	70 ingeniero	[인헤니에로]	engineer
37 consultor	[꼰술돌]	consultant	71 jardinero	[하르디네로]	gardener
38 contable	[꼰따블레]	book keeper	72 jefe	[헤풰]	chief(boss)
39 contador	[꼰따돌]	accountant	73 juez	[후에스]	judge
40 cortante	[꼬르딴떼]	(meat) cutter	74 lavandero	[라봔데로]	laundry man
41 criada	[끄뤼아다]	maid	75 lechero	[레췌로]	milkman
42 delineante	[델리네안떼]	draftsman	76 licenciado	[리쎈씨아도]	licensed (college graduate)
43 dentista	[덴띠스타]	dentist	77 locutor	[로꾸돌]	announcer
44 dependiente	[데뻰디엔떼]	clerk	78 maestro	[마에스뜨로]	master, teacher
45 despachador	[데스빠차돌]	dispatcher	79 manejador \ mayordomo	[마네하돌] \ [마욜도모]	handler
46 detective	[데떽띠붸]	detective	80 maquinita	[마퀴니따]	machinist
47 dibujante	[디부한떼]	cartoonist	81 marinero \ marino	[마뤼네로] \ [마뤼노]	merchant marine
48 director	[디뤡돌]	director	82 mecánico	[메파니꼬]	mechanic
49 doméstico	[도메스띠꼬]	house maid	83 médico	[메디꼬]	(medical) doctor
50 dueño	[두에뇨]	owner	84 mesero	[메쎄로]	waiter
51 electricista	[엘렉뜨뤼씨스따]	electrician	85 ministerial	[미니스떼뤼알]	minister
52 empleado	[엠플레아도]	employee	86 obrero	[오브뤠로]	worker
53 encargado	[엔까르가도]	caterer, attendant	87 padre	[빠드뤠]	priest
54 enfermero	[엔풰르메로]	nurse	88 panadero	[빠나데로]	baker
55 escritor	[에스끄뤼돌]	writer	89 paramédico	[빠라메디꼬]	paramedic
56 estanciero	[에스딴씨에로]	rancher	90 pastor	[빠스돌]	pastor
57 estibador	[에스띠바돌]	long shoreman	91 patron	[빠뜨롱]	patron
58 estudiante	[에스뚜디안떼]	student	92 peluquero	[뻴루꿰로]	hairdresser
59 farmaceutico	[화르마세우띠꼬]	pharmacist	93 periodista	[뻬뤼오디스타]	journalist
60 ferroviario	[풰로뷔아뤼오]	railway worker	94 pescador	[뻬스까돌]	fisherman
61 ferroviario	[풰로뷔아뤼오]	railway worker	95 pintor	[삔돌]	painter
62 fotógrafo	[호또그롸호]	photographer	96 plomero	[쁠로메로]	plumber

Spanish	발음	English	Spanish	발음	English
97 policía	[뽈리씨아]	policeman	109 redactor	[뤠닥똘]	editor
98 portero	[뽀르떼로]	goalkeeper, door·man	110 reparador	[뤠빠라돌]	repairman
99 profesor	[쁘로풰쏠]	professor	111 revisor	[뤠비쏠]	reviewer, inspector
100 programador	[쁘로그라마돌]	programmer	112 serviente	[설뷔엔떼]	servant
101 propietario	[쁘로삐에따뤼오]	Proprietor, owner	113 soldador	[솔다돌]	welder
102 psicólogo	[씨꼴로고]	psychologist	114 taberno	[따베르노]	bartender
103 psiquiatra	[씨뀌아뜨라]	psychiatrist	115 taxista	[딱씨스따]	taxi driver
104 químico	[뀌미꼬]	chemist	116 técnico	[떼끄니꼬]	technician
105 quiropráctico	[낄로쁠롹띠꼬]	chiropractor	117 tendero	[땐데로]	shopkeeper
106 rabino	[라비노]	rabbi	118 trabajador	[뜨라바하돌]	worker
107 ranchero	[롼체로]	rancher	119 vaquero	[바꿰로]	cowboy
108 rebuscador	[뤠부스까돌]	researcher	120 veterinario	[베떼뤼나뤼오]	veterinarian

L. 상업(comercio)

Spanish	발음	English	Spanish	발음	English
1 acción	[악씨옹]	action, share	14 consumidor	[꼰수미돌]	consumer
2 aduana	[아두아나]	customs	15 contado	[꼰따도]	cash
3 ahorros	[아오르로스]	savings	16 crédito	[끄뤠디또]	credit
4 banco	[반꼬]	bank	17 demanda	[데만다]	demand
5 bienes	[비에네스]	goods	18 descuento	[데스꾸엔또]	discount
6 bolsa	[볼사]	market	19 desempleo	[데셈쁠레오]	unemployment
7 bono	[보노]	bond	20 deuda	[데우다]	debt
8 capital	[까삐딸]	capital	21 devengar	[데벵갈]	yield (interest)
9 cliente	[끌리엔떼]	client	22 dinero	[디네로]	money
10 comercio	[꼬멜시오]	commerce, trade	23 divisa	[디뷔사]	foreign exchange
11 comisión	[꼬미씨옹]	commission	24 economía	[에꼬노미아]	economy
12 competencia	[꼼뻬땐시아]	competition	25 empresa	[엠쁘뤠사]	company
13 comprador	[꼼쁘롸돌]	buyer	26 endosar	[엔도쌀]	endorse

Spanish	발음	English	Spanish	발음	English
27 entrega	[엔뜨뤠가]	delivery	49 negocio	[네고시오]	negotiation, business
28 equipo	[에끼뽀]	team	50 obra	[오브롸]	work
29 exportador	[엑쓰뽈따돌]	exporter	51 papeleo	[빼뻴레오]	paper work
30 fabricante	[화브뤼깐떼]	manufacturer	52 paro	[빠로]	stop, strike
31 factura	[확뚜롸]	invoice	53 pedido	[뻬디도]	order
32 feria	[훼뤼아]	fair	54 precio	[쁘뤠시오]	price
33 filial	[휠리알]	affiliated (co.)	55 quiebra	[끼에브롸]	bankruptcy
34 finanzas	[휘난사스]	finances	56 recursos	[뤠꿀소스]	resources
35 gastos	[가스또스]	expenses	57 reembolso	[뤠엠볼소]	reimbursement
36 hipoteca	[이뽀떼까]	mortgage	58 retirar	[뤠띠랄]	retrieve, withdraw
37 huelga	[우엘가]	strike	59 saldo	[쌀도]	balance
38 importador	[임뽈따돌]	importer	60 seguro	[세구로]	secure, insurance
39 impuesto	[임뿌에스또]	tax	61 sindicato	[신디까또]	syndicate, union
40 índice	[인디세]	index	62 sociedad	[소시에닫]	society
41 industria	[인두스뜨뤼아]	industry	63 subasta	[수바스따]	auction
42 ingreso	[인그뤠소]	income	64 superávit	[수뻬롸빝]	surplus
43 inmuebles	[인무에블레스]	real estate	65 surtido	[술띠도]	assortment, selection
44 interés	[인떼뤠스]	interest	66 tasa	[따사]	rate
45 lucro	[루끄로]	profit	67 tienda	[띠엔다]	shop, store
46 mayorista	[마요뤼스따]	wholesaler	68 transacción	[뜨란삭씨온]	transaction
47 mercado	[메르까도]	market	69 valores	[봘로뤠스]	stock
48 mercancía	[메르깐씨아]	merchandise	70 venta	[뷀따]	sale, inn

M. 의류 및 장신구(rapas y accesorios)

Spanish	발음	English	Spanish	발음	English
1 abrigo	[아브뤼고]	coat	4 banador	[바나돌]	swimsuit
2 albornoz	[알보르노스]	bath robe	5 blusa	[블루사]	blouse
3 anillo	[아니요]	ring	6 bluyines	[블루이네스]	blue jeans

Spanish	발음	English	Spanish	발음	English
7 bolso	[볼소]	handbag	24 mitones	[미또네스]	mittens
8 botas	[보따스]	boots	25 mochilla	[모칠라]	backpack
9 brasier	[부롸씨엘]	bra	26 pantalón	[빤딸롱]	trousers
10 calcetines	[깔세띠네스]	socks	27 pijama	[삐하마]	pajamas
11 camisa	[까미싸]	shirt	28 pulover	[뿔로벨]	pull over
12 camiseta	[까미쎄따]	T-shirt	29 reloj	[뤠로흐]	clock (watch)
13 chaleco	[찰레꼬]	vest	30 sandalias	[싼달리아스]	sandals
14 chaqueta	[차께따]	jacket	31 sombrero	[쏨브뤠로]	hat
15 cinturón	[신뚜롱]	belt	32 sudadera	[쑤다데롸]	sweatshirt
16 chompa	[촘빠]	jumper (sweater)	33 suéter	[스웨떼르]	sweater
17 corbata	[꼬르바따]	(neck) tie	34 sujetador	[수헤따돌]	bra
18 falda	[활다]	skirt	35 tejanos	[떼하노스]	(Texan) jeans
19 gafas	[가화스]	glasses	36 traje	[뜨롸헤]	(man's) suit
20 gorro	[고로]	cap	37 vaquero	[봐꿰로]	(cowboy) jean
21 guantes	[구완떼스]	gloves	38 vestido	[베스띠도]	(woman's) dress
22 jersey	[헤르시]	jersey	39 zapatos	[사빠또스]	shoes
23 mallas	[말라스]	net, tights	40 zapatillas	[사빠띠아스]	sneakers

N. 색깔 (los colores)

Spanish	발음	한국어	Spanish	발음	한국어
1 blanco	[블랑꼬]	흰	8 gris	[그뤼스]	회색
2 negro	[네그로]	검은	9 purpúreo \ morado	[뿌르뿌웨오] \ [모롸도]	자주
3 rojo	[로호]	붉은	10 anaranjado \ naranja (orange)	[아나롼하도] \ [나랑하]	주황
4 rosa	[로사]	분홍	11 moreno \ café \ marron	[모뤠노] \ [까페] \ [마론]	(다)갈색
5 verde	[베르데]	초록	12 claro	[끌라로]	밝은
6 azul	[아술]	파랑	13 obscuro	[옵쓰꾸로]	침침한
7 amarillo	[아마뤼요]	노랑	14 transparente	[트롼스빠뤤떼]	투명한

O. 여행 (viaje)

#	Spanish	발음	English	#	Spanish	발음	English
1	acelerador	[아쎌레롸돌]	accelerator	26	capitán	[까삐딴]	captain
2	adios	[아디오스]	farewell	27	carburador	[까르부롸돌]	carburetor
3	aeropuerto	[아에로뿌에르또]	airport	28	casado(a)	[까싸도(다)]	married man(woman)
4	ala	[알라]	wing	29	cargador	[깔가돌]	charger
5	alto	[알또]	stop	30	casco	[까스꼬]	helmet
6	amarra	[아마르롸]	moorings	31	cedula	[세둘라]	ID card
7	ancla	[앙끌라]	anchor	32	cepillo de dientes	[세삐요 데 디엔떼스]	tooth·brush
8	apellido	[아뻬이도]	last name	33	chimenea	[치메네아]	chimney
9	ascensor	[아쎈쏠]	elevator	34	cilindro	[실린드로]	cylinder
10	asiento	[아씨엔또]	seat	35	claraboya	[끌라롸보야]	skylight (roof)
11	aterrizaje	[아떼르뤼사헤]	landing	36	coche	[꼬체]	car
12	autobús	[아우또부스]	bus	37	corredor	[꼬르뤠돌]	corridor
13	avión	[아뷔온]	(air) plane	38	costa	[꼬스따]	coast
14	bañera	[바녜롸]	bath·tub	39	crucero	[끄루쎄로]	cruise
15	baño	[바뇨]	bathroom	40	cuarto	[꾸알또]	quarter
16	batería	[바떼뤼아]	battery	41	cuidado	[꾸이다도]	watch out
17	baul	[바울]	trunk	42	descanse	[데스깐세]	rest
18	bocina	[보씨나]	horn	43	despegar	[데스뻬갈]	take off
19	bomba	[봄바]	bomb, pump	44	destino	[데스띠노]	destination
20	caballero	[까바예로]	gentleman	45	dirección	[디뤡시온]	direction, address
21	cabina	[까비나]	cabin	46	ducha	[두차]	shower
22	cama	[까마]	bed	47	embarque	[엠발키]	embarkation
23	camara	[까마롸]	camera, chamber	48	empujar	[엠뿌할]	push
24	camarote	[까마로떼]	cabin, bunk bed	49	entrada	[엔뜨롸다]	entrance
25	cansar	[깐쌀]	tire	50	escalera	[에스깔레롸]	stairs

Spanish	발음	English	Spanish	발음	English
51 factura	[확뚜롸]	invoice	85 peaton	[뻬아똔]	pedestrian
52 faro	[화로]	lamp, light	86 peligro	[뻴리그로]	danger
53 favor	[화볼]	favor	87 percha	[뻴차]	(clothes) hanger
54 freno	[후뤠노]	brake	88 permitido	[뻬르미띠도]	permitted
55 fumar	[후말]	smoking	89 piloto	[삘로또]	pilot
56 fuselaje	[후셀라헤]	fuselage	90 piso	[삐소]	floor
57 gasolina	[가솔리나]	gasoline	91 popa	[뽀빠]	stern
58 gracias	[그롸시아스]	gracious, thanks	92 posada	[뽀싸다]	inn
59 habitación	[아비따시온]	room	93 privado	[쁘뤼봐도]	private
60 hamaca	[아마까]	hammock	94 prohibido	[쁘로이비도]	prohibited
61 hangar	[앙갈]	hangar (shed)	95 prora	[쁘로롸]	prow (bow)
62 hotel	[오뗄]	hotel	96 puente	[뿌엔떼]	bridge
63 inodoro	[이노도르]	toilet (odorless)	97 puesto	[뿌에스또]	market stall
64 jabón	[하본]	soap	98 punta	[뿐따]	trip
65 lecho	[레쵸]	bed	99 radiador	[롸디아돌]	radiator
66 libre	[리브뤠]	free (vacant)	100 remolcador	[뤠몰까돌]	tug
67 litera	[리떼롸]	letter	101 reservado	[뤠설봐도]	reserved
68 llamo	[야모]	name, call	102 retraso	[뤠뜨롸소]	delay
69 llanta	[얀따]	tire	103 sala	[쌀라]	(large) room
70 llegada	[예가다]	arrival	104 salida	[살리다]	exit
71 marino	[마뤼노]	marine	105 salvamento	[살봐멘또]	salvage, rescue
72 mástil	[마스띨]	mast	106 salvavidas	[살봐뷔다스]	life jacket (saver)
73 nationalidad	[나시오날리닫]	nationality	107 seguridad	[세구뤼닫]	security
74 navaja	[나봐하]	razor	108 señor	[세뇰]	man, sir
75 navegar	[나베갈]	sail, fly, surf	109 señora	[세뇨롸]	lady, madam
76 neumático	[뉴우마띠꼬]	tyre	110 soltero(a)	[솔떼로(롸)]	single man(woman)
77 niño(a)	[니뇨(냐)]	boy(girl)	111 tarjeta	[따르헤따]	card
78 obras	[오브롸스]	work	112 timbre	[띰브뤠]	doorbell
79 ocupado	[오꾸빠도]	occupied	113 tirar	[띠랄]	throw, pull
80 papel	[빠뻴]	paper	114 tren	[뜨뤤]	train
81 pasaporte	[빠사볼떼]	passport	115 tripulación	[뜨뤼뿔라시온]	crew
82 pasillo	[빠씨요]	hall (way)	116 ventanilla	[뷘따니야]	window
83 paso	[빠소]	(foot) step	117 vuelo	[부엘로]	flight
84 pasta dental	[빠스따 덴딸]	tooth·paste			

P. 교신 (comunicación)

Spanish	발음	English	Spanish	발음	English
1 alámbrico	[알람브리꼬]	wireframe	25 cursor	[꿀솔]	crusor
2 amigo	[아미고]	friend	26 datos	[다또스]	data
3 antena	[안떼나]	antenna	27 descargar	[데스까르갈]	download
4 anuncio	[아눈시오]	announcement	28 dirección	[디렉씨온]	direction, address
5 aparato	[아빠라또]	apparatus	29 disparador	[디스빠라돌]	release (button)
6 aplicación	[아쁠리까시온]	application	30 dominio	[도미니오]	domain
7 archivo	[알치보]	file	31 dos besos	[도스 베소스]	two (cheek) kisses
8 arroba	[아로르바]	@ sign	32 driver	[드롸이뷜]	driver
9 audio	[아우디오]	audio	33 e-mail	[에 마일]	e-mail
10 barra	[바롸]	slash	34 emitir	[에미띨]	broadcasting
11 barra invertida	[바롸 인뷀띠다]	backslash	35 emisora	[에미쏘롸]	broadcasting station
12 bicho	[비쵸]	bug, error	36 enlace	[엔라세]	link
13 borrar	[보활]	erase, delete	37 escritorio	[에스크리또뤼오]	desk(top)
14 botón	[보똔]	button	38 fallo	[화요]	failure, fault
15 buscador	[부스까돌]	search engine	39 ferreteria	[훼레떼뤼아]	hardware
16 byte	[바이뜨]	byte	40 fijo	[휘호]	fixed
17 cable	[까블레]	cable	41 filtro	[휠뜨로]	filter
18 caché	[까체]	cache	42 gráfico	[그라휘꼬]	graph
19 carpeta	[깔뻬따]	file, folder	43 guardar	[구알달]	save
20 clic	[그릴]	click	44 hardware	[하르드웨어]	hardware
21 compatible	[꼼빠띠블레]	compatible	45 herramienta	[에롸미엔따]	tool
22 computadora	[꼼뿌따도롸]	computer	46 icono	[이꼬노]	icon
23 contraseña	[꼰뜨롸쎄냐]	password	47 imagen	[이마헨]	image
24 copia	[꼬삐아]	copy	48 impresora	[임프뤠쏘롸]	printer

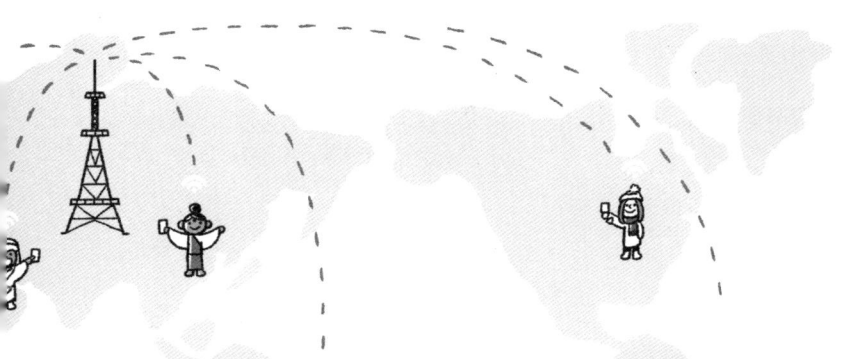

	Spanish	발음	English		Spanish	발음	English
49	inalámbrico	[이날람브뤼꼬]	wireless	72	programa	[쁘로그롸마]	program
50	internet	[인떼르넬]	internet	73	punto	[뿐또]	dot
51	lenguaje	[렌구아헤]	language	74	ratón	[롸똥]	mouse
52	lente	[렌떼]	lens	75	red	[뤨]	network
53	llamada	[야마다]	call	76	servidor	[서어르뷔돌]	server
54	memoria	[메모리아]	memory	77	sito	[씨또]	site
55	mensaje	[멘싸헤]	message	78	smartphone	[스말트혼]	smartphone
56	menú	[메누]	menu	79	software	[소후트웨어]	software
57	meteologicia	[메떼오로히시아]	meteorology	80	sonido	[소니도]	sound
58	módem	[모뎀]	modem	81	spam	[스뺌]	spam, correo basura
59	mouse	[마우스]	mouse	82	streaming	[스뜨뤼밍]	streaming, transmission
60	móvil	[모빌]	mobile	83	tipo	[띠뽀]	type
61	navegador	[나베가돌]	navigator, browser	84	teclado	[떼끌라도]	keyboard
62	noticias	[노띠씨아스]	notice	85	teléfono	[뗄레호노]	telephone
63	página	[빠히나]	page	86	telegrama	[뗄레그롸마]	telegram
64	pantalla	[빤따야]	screen	87	vamos	[봐모스]	yeah!, right!
65	pestaña	[뻬스따냐]	tab	88	vaya	[봐야]	wow!
66	pila	[삘라]	pile, battery	89	venga	[벵가]	come on!
67	placa	[쁠라까]	plaque (plate)	90	ventana	[벤따나]	window
68	plegable	[쁠레가블레]	folding	91	video	[뷔데오]	video
69	portada	[뽈따다]	front (page)	92	virus	[뷔루스]	virus
70	privacidad	[쁘뤼봐시닫]	privacy	93	voz	[보스]	voice
71	procesador	[쁘로세사돌]	processor	94	wifi	[위휘]	wifi

Q. 수식어 (modificador)
a. 형용사 (adjetivo)

	Spanish	발음	English	반대말	Spanish	발음	English
1	abierto	[아비에르또]	open	↔	cerrado	[세르롸도]	closed
2	alguno	[알구노]	any, some	↔	ningua	[닌구아]	nothing
3	alto	[알또]	tall	↔	bajo	[바호]	short
4	amable	[아마블레]	kind	↔	cruel	[그루엘]	cruel
5	bueno	[부에노]	good	↔	malo	[말로]	bad
6	caliente \ caluroso	[깔리엔떼] \ [깔루로소]	hot	↔	frío	[후뤼오]	cold
7	cansado	[깐싸도]	tired	↔	despierto	[데스삐에르또]	awake
8	caro	[까로]	expensive	↔	barato	[바롸또]	cheap
9	delicioso	[델리씨오소]	delicious	↔	repugnante	[뤼뿌그난떼]	disgusting
10	divertido	[디뷔띠도]	fun	↔	aburrido	[아부르뤼도]	boring
11	dulce	[둘세]	sweet	↔	salado	[살라도]	savory, salty
12	duro	[두로]	hard (durable)	↔	flojo	[홀로호]	soft (flabby)
13	enfermo	[엔훼르모]	sick	↔	sano	[싸노]	healthy
14	feliz	[휄리스]	happy	↔	triste	[뜨뤼스떼]	sad
15	fuerte	[후에르떼]	strong	↔	débil	[데빌]	weak
16	gordo	[골도]	fat	↔	delgado	[델가도]	thin
17	grande	[그롼데]	grand (big)	↔	pequeño	[뻬께뇨]	small
18	hecho	[에초]	done	↔	no hecho	[노 에초]	not done
19	inteligente	[인뗄리헨떼]	intelligent	↔	tonto	[똔또]	stupid
20	justo	[후스또]	just, fair	↔	injusto	[인후스또]	unjust, unfair
21	largo	[라아르고]	long	↔	corto	[꼬르또]	short
22	limpio	[림삐오]	clean	↔	sucio	[쑤시오]	dirty
23	lindo	[린도]	pretty	↔	feo	[훼오]	ugly
24	lleno	[예노]	full	↔	vacio	[봐씨오]	empty
25	loco	[로꼬]	crazy	↔	tranquilo	[뜨롼쿠일로]	tranquil
26	maduro	[마두로]	mature	↔	inmaduro	[인마두로]	immature
27	mayor	[메욜]	major	↔	menor	[메놀]	minor
28	nuevo	[누에보]	new	↔	viejo	[뷔에호]	old
29	rapido	[롸삐도]	fast	↔	lento	[렌또]	slow
30	rico	[뤼꼬]	rich	↔	pobre	[뽀브뤠]	poor
31	seco	[쎄꼬]	dry	↔	mojado	[모하도]	wet
32	simple	[씸쁠레]	simple	↔	complicado	[꼼쁠리카도]	complicated
33	todo	[또도]	all	↔	nada	[나다]	none
34	vigoroso	[뷔고로소]	vigorous	↔	cansado	[깐싸도]	tired

b. 부사(adverbio)

	Spanish	발음	English	반대말	Spanish	발음	English
1	actualmente	[악뚜알멘떼]	currently	↔	previamente	[쁘뤠뷔아멘떼]	previously
2	aquí	[아끼]	here (along)	↔	acá	[아까]	(over) here
3	algo	[알고]	somewhat	↔	nada	[나다]	not at all
4	alto	[알또]	loudly	↔	quieto	[끼에또]	quiet
5	allí	[아이]	there (along)	↔	allá	[아야]	(over) there
6	arriba	[아뤼바]	up, above	↔	abajo	[아바호]	dawn, below
7	así	[아씨]	so	↔	tal	[딸]	such
8	bien	[비엔]	well	↔	mal	[말]	ill
9	bonito	[보니또]	beautiful	↔	guapo	[구아뽀]	handsome
10	brevemente	[브뤠붸멘떼]	briefly	↔	permanentemente	[뻴마넨떼멘떼]	permanently
11	cerca	[쎌까]	close	↔	lejos	[레호스]	far
12	cierto	[씨엘또]	certain	↔	incierto	[인씨엘또]	uncertain
13	claramente	[클라롸멘떼]	clearly	↔	oscuro	[오스꾸로]	obscure
14	delante	[데란떼]	in front	↔	detrás	[데뜨롸스]	behind
15	dentro	[덴뜨로]	inside	↔	fuera	[후에롸]	outside
16	diariamente	[디아뤼아멘떼]	daily	↔	semanalmente	[세마날멘떼]	weekly
17	dulcemente	[둘쎄멘떼]	sweetly	↔	estupendamente	[에스뚜뻰다멘떼]	terrifically
18	encima	[엔씨마]	on top	↔	debajo	[데바호]	underneath
19	frecuentemente	[후뤠꾸웬떼멘떼]	frequently	↔	ocasionalmente	[오까시오날멘떼]	occasionally
20	hoy	[오이]	today	↔	ahora	[아오롸]	now
21	mañana	[마냐나]	tomorrow	↔	ayer	[아옐]	yesterday
22	más	[마스]	more	↔	menos	[메노스]	less
23	mejor	[메홀]	better	↔	peor	[뻬올]	worse
24	mucho	[무쵸]	much, many	↔	poco	[뽀꼬]	little, few
25	muy	[무이]	very	↔	demasiado	[데마씨아도]	too much
26	rapido	[롸삐도]	rapid	↔	despacio	[데스빠씨오]	slowly
27	recientemente	[뤠시엔떼멘떼]	recently	↔	remotamente	[뤠모따멘떼]	remotely
28	seriamente	[쎄뤼아멘떼]	seriously	↔	ligeramente	[리헤롸멘떼]	lightly
29	siempre	[씨엠쁘뤠]	always	↔	nunca	[눙까]	never
30	tanto	[딴또]	so much	↔	bastante	[바스딴떼]	enough
31	todavía	[또다뷔아]	still	↔	ya	[야]	already

이원택의
맛보기
스페인어

nota

nota